CONSIDERAÇÕES SOBRE OS PROJETOS DE RECONHECIMENTO LEGAL DAS UNIÕES ENTRE PESSOAS HOMOSSEXUAIS

COLEÇÃO DOCUMENTOS DA IGREJA

1 – *A mensagem de Fátima* – Congregação para a Doutrina da Fé
2 – *Declaração Dominus Iesus sobre a unicidade e a universalidade salvífica de Jesus Cristo e da Igreja* – Congregação para a Doutrina da Fé
3 – *Instrução sobre as orações para alcançar de Deus a cura* – Congregação para a Doutrina da Fé
4 – *Família, matrimônio e "uniões de fato"* – Conselho Pontifício para a Família
5 – *A Igreja e as outras religiões: diálogo e missão* – Secretariado para os Não-cristãos
6 – *Igreja e internet* – Pontifício Conselho para as Comunicações Sociais
7 – *Ética na internet* – Pontifício Conselho para as Comunicações Sociais
8 – *O povo judeu e as suas sagradas escrituras na Bíblia Cristã* – Pontifícia Comissão Bíblica
9 – *Partir de Cristo: um renovado compromisso da vida consagrada no terceiro milênio – Instrução* – Congregação para os Institutos de Vida Consagrada e as Sociedades de Vida Apostólica
10 – *O presbítero: pastor e guia da comunidade paroquial – Instrução* – Congregação para o Clero
11 – *Nota doutrinal sobre algumas questões relativas à participação e comportamento dos católicos na vida política* – Congregação para a Doutrina da Fé
12 – *Diretório sobre Piedade Popular e Liturgia – Princípios e orientações* – Congregação para o Culto Divino e a Disciplina dos Sacramentos
13 – *Jesus Cristo portador da água viva – Uma reflexão cristã sobre a Nova Era* – Pontifício Conselho da Cultura e Pontifício Conselho para o Diálogo Inter-religioso
14 – *Considerações sobre os projetos de reconhecimento legal das uniões entre pessoas homossexuais* – Congregação para a Doutrina da Fé

CONGREGAÇÃO PARA A DOUTRINA DA FÉ

CONSIDERAÇÕES SOBRE OS PROJETOS DE RECONHECIMENTO LEGAL DAS UNIÕES ENTRE PESSOAS HOMOSSEXUAIS

2ª edição – 2003

Direção-geral: *Flávia Reginatto*
Editora responsável: *Noemi Dariva*

Nenhuma parte desta obra poderá ser reproduzida ou transmitida por qualquer forma e/ou quaisquer meios (eletrônico ou mecânico, incluindo fotocópia e gravação) ou arquivada em qualquer sistema ou banco de dados sem permissão escrita da Editora. Direitos reservados.

Paulinas
Rua Pedro de Toledo, 164
04039-000 – São Paulo – SP (Brasil)
Tel.: (11) 2125-3549 – Fax: (11) 2125-3548
http://www.paulinas.org.br – editora@paulinas.org.br
Telemarketing e SAC: 0800-7010081

© Pia Sociedade Filhas de São Paulo – São Paulo, 2003

Introdução

1. Diversas questões relativas à homossexualidade foram recentemente tratadas várias vezes pelo Santo Padre João Paulo II e pelos competentes Dicastérios da Santa Sé.[1] Trata-se, com efeito, de um fenômeno moral e social preocupante, inclusive nos Países onde ainda não se tornou relevante sob o ponto de vista do ordenamento jurídico. A preocupação é, todavia, maior nos Países que já concederam ou se propõem conceder reconhecimento legal às uniões homossexuais, alargando-o, em certos casos, mesmo à habilitação para adotar filhos. As presentes *Considerações* não contêm elementos doutrinais novos; entendem apenas recordar os pontos essenciais sobre o referido problema e fornecer algumas argumentações de caráter racional, que possam ajudar os bispos a formular intervenções mais específicas, de acordo com as situações particulares das dife-

---

[1] Cf. JOÃO PAULO II, *Alocuções por ocasião da recitação do Angelus*, 20 de fevereiro de 1994 e 19 de junho de 1994; *Discurso aos participantes na Assembléia Plenária do Conselho Pontifício para a Família*, 24 de março de 1999; *Catecismo da Igreja Católica*, nn. 2357-2359, 2396; CONGREGAÇÃO PARA A DOUTRINA DA FÉ, *Declaração Persona humana*, 29 de dezembro de 1975, n. 8; *Carta sobre a cura pastoral das pessoas homossexuais*, 1 de outubro de 1986; *Algumas considerações sobre a resposta a propostas de lei em matéria de não-discriminação das pessoas homossexuais*, 24 de julho de 1992; CONSELHO PONTIFÍCIO PARA A FAMÍLIA, *Carta aos Presidentes das Conferências Episcopais da Europa sobre a resolução do Parlamento Europeu em matéria de uniões homossexuais*, 25 de março de 1994; *Família, matrimônio e "uniões de fato"*, 26 de julho de 2000, n. 23.

rentes regiões do mundo: intervenções destinadas a proteger e promover a dignidade do matrimônio, fundamento da família, e a solidez da sociedade, de que essa instituição é parte constitutiva. Têm ainda por fim iluminar a atividade dos políticos católicos, a quem se indicam as linhas de comportamento coerentes com a consciência cristã, quando tiverem de se confrontar com projetos de lei relativos a este problema.[2] Tratando-se de uma matéria que diz respeito à lei moral natural, as seguintes argumentações são propostas não só aos crentes, mas a todos os que estão empenhados na promoção e defesa do bem comum da sociedade.

I. NATUREZA E CARACTERÍSTICAS IRRENUNCIÁVEIS DO MATRIMÔNIO

2. O ensinamento da Igreja sobre o matrimônio e sobre a complementaridade dos sexos propõe uma verdade, evidenciada pela reta razão e reconhecida como tal por todas as grandes culturas do mundo. O matrimônio não é uma união qualquer entre pessoas humanas. Foi fundado pelo Criador, com uma sua natureza, propriedades essenciais e finalidades.[3] Nenhuma ideologia pode cancelar do espírito humano a certeza de que só existe matrimônio entre duas pessoas de sexo diferente, que através da recíproca doação pessoal, que lhes é própria e exclusiva, tendem à comunhão das suas pessoas. Assim se aperfeiçoam mutua-

---

[2] Cf. CONGREGAÇÃO PARA A DOUTRINA DA FÉ, *Nota doutrinal sobre algumas questões relativas ao empenho e comportamento dos católicos na vida política*, 24 de novembro de 2002, n. 4.
[3] Cf. CONCÍLIO VATICANO II, Constituição pastoral *Gaudium et spes*, n. 48.

mente para colaborar com Deus na geração e educação de novas vidas.

3. A verdade natural sobre o matrimônio foi confirmada pela Revelação contida nas narrações bíblicas da criação e que são, ao mesmo tempo, expressão da sabedoria humana originária, em que se faz ouvir a voz da própria natureza. São três os dados fundamentais do plano criador relativamente ao matrimônio, de que fala o livro do Gênesis.

Em primeiro lugar, o homem, imagem de Deus, foi criado "homem e mulher" (Gn 1,27). O homem e a mulher são iguais enquanto pessoas e complementares enquanto homem e mulher. A sexualidade, por um lado, faz parte da esfera biológica e, por outro, é elevada na criatura humana a um novo nível, o pessoal, em que corpo e espírito se unem.

Depois, o matrimônio é instituído pelo Criador como forma de vida em que se realiza aquela comunhão de pessoas que requer o exercício da faculdade sexual. "Por isso, o homem deixará o seu pai e a sua mãe e se unirá à sua mulher e os dois tornar-se-ão uma só carne" (Gn 2,24).

Por fim, Deus quis dar à união do homem e da mulher uma participação especial na sua obra criadora. Por isso, abençoou o homem e a mulher com as palavras: "Sede fecundos e multiplicai-vos" (Gn 1,28). No plano do Criador, a complementaridade dos sexos e a fecundidade pertencem, portanto, à própria natureza da instituição do matrimônio.

Além disso, a união matrimonial entre o homem e a mulher foi elevada por Cristo à dignidade de sacramento.

A Igreja ensina que o matrimônio cristão é sinal eficaz da aliança de Cristo e da Igreja (cf. Ef 5,32). Este significado cristão do matrimônio, longe de diminuir o valor profundamente humano da união matrimonial entre o homem e a mulher, confirma-o e fortalece-o (cf. Mt 19,3-12; Mc 10,6-9).

4. Não existe nenhum fundamento para equiparar ou estabelecer analogias, mesmo remotas, entre as uniões homossexuais e o plano de Deus sobre o matrimônio e a família. O matrimônio é santo, ao passo que as relações homossexuais estão em contraste com a lei moral natural. Os atos homossexuais, de fato, "fecham o ato sexual ao dom da vida. Não são fruto de uma verdadeira complementaridade afetiva e sexual. Não se podem, de maneira nenhuma, aprovar".[4]

Na Sagrada Escritura, as relações homossexuais "são condenadas como graves depravações... (cf. Rm 1,24-27; 1Cor 6,10; 1Tm 1,10). Desse juízo da Escritura não se pode concluir que todos os que sofrem de semelhante anomalia sejam pessoalmente responsáveis por ela, mas nele se afirma que os atos de homossexualidade são intrinsecamente desordenados".[5] Idêntico juízo moral se encontra em muitos escritores eclesiásticos dos primeiros séculos,[6] e foi unanimemente aceito pela Tradição católica.

---

[4] *Catecismo da Igreja Católica*, n. 2357.
[5] CONGREGAÇÃO PARA A DOUTRINA DA FÉ, *Declaração Persona humana*, 29 de dezembro de 1975, n. 8.
[6] Cf., por exemplo, S. POLICARPO, *Carta aos Filipenses*, V, 3; S. JUSTINO, *Primeira Apologia*, 27,1-4; ATENÁGORAS, *Súplica em favor dos cristãos*, 34.

Também segundo o ensinamento da Igreja, os homens e as mulheres com tendências homossexuais "devem ser acolhidos com respeito, compaixão e delicadeza. Deve evitar-se, para com eles, qualquer atitude de injusta discriminação".[7] Essas pessoas, por outro lado, são chamadas, como os demais cristãos, a viver a castidade.[8] A inclinação homossexual é, todavia, "objetivamente desordenada",[9] e as práticas homossexuais "são pecados gravemente contrários à castidade".[10]

II. ATITUDES PERANTE O PROBLEMA DAS UNIÕES HOMOSSEXUAIS

5. Em relação ao fenômeno das uniões homossexuais existentes de fato, as autoridades civis assumem diversas atitudes: por vezes, limitam-se a tolerar o fenômeno; outras vezes, promovem o reconhecimento legal dessas uniões, com o pretexto de evitar, relativamente a certos direitos, a discriminação de quem convive com uma pessoa do mesmo sexo; em alguns casos, chegam mesmo a favorecer a equivalência legal das uniões homossexuais com o matrimônio propriamente dito, sem excluir o reconhecimento da capacidade jurídica de vir a adotar filhos.

---

[7] *Catecismo da Igreja Católica*, n. 2358; cf. CONGREGAÇÃO PARA A DOUTRINA DA FÉ, *Carta sobre a cura pastoral das pessoas homossexuais*, 1 de outubro de 1986, n. 10.

[8] Cf. *Catecismo da Igreja Católica*, n. 2359; CONGREGAÇÃO PARA A DOUTRINA DA FÉ, *Carta sobre a cura pastoral das pessoas homossexuais*, 1 de outubro de 1986, n. 12.

[9] *Catecismo da Igreja Católica*, n. 2358.

[10] *Ibid.*, n. 2396.

Onde o Estado assume uma política de tolerância de fato, sem implicar a existência de uma lei que explicitamente conceda um reconhecimento legal de tais formas de vida, há que discernir bem os diversos aspetos do problema. É imperativo da consciência moral dar, em todas as ocasiões, testemunho da verdade moral integral, contra a qual se opõem tanto a aprovação das relações homossexuais como a injusta discriminação para com as pessoas homossexuais. São úteis, portanto, intervenções discretas e prudentes, cujo conteúdo poderia ser, por exemplo, o seguinte: desmascarar o uso instrumental ou ideológico que se possa fazer de dita tolerância; afirmar com clareza o caráter imoral desse tipo de união; advertir o Estado para a necessidade de conter o fenômeno dentro de limites que não ponham em perigo o tecido da moral pública e que, sobretudo, não exponham as jovens gerações a uma visão errada da sexualidade e do matrimônio, que os privaria das defesas necessárias e, ao mesmo tempo, contribuiria para difundir o próprio fenômeno. Àqueles que, em nome dessa tolerância, entendessem chegar à legitimação de específicos direitos para as pessoas homossexuais conviventes, há que lembrar que a tolerância do mal é muito diferente da aprovação ou legalização do mal.

Em presença do reconhecimento legal das uniões homossexuais ou da equiparação legal das mesmas ao matrimônio, com acesso aos direitos próprios deste último, é um dever opor-se-lhe de modo claro e incisivo. Há que abster-se de qualquer forma de cooperação formal na promulgação ou aplicação de leis tão gravemente injustas e, na medida do possível, abster-se também da cooperação material no plano da aplicação. Nesta matéria, cada qual pode reivindicar o direito à objeção de consciência.

III. ARGUMENTAÇÕES RACIONAIS CONTRA O RECONHECIMENTO LEGAL DAS UNIÕES HOMOSSEXUAIS

6. A compreensão das razões que inspiram o dever de se opor desta forma às instâncias que visem legalizar as uniões homossexuais exige algumas considerações éticas específicas, que são de diversa ordem.

De ordem relativa à reta razão

A função da lei civil é certamente mais limitada que a da lei moral.[11] A lei civil, todavia, não pode entrar em contradição com a reta razão sob pena de perder a força de obrigar a consciência.[12] Qualquer lei feita pelos homens tem razão de lei na medida que estiver em conformidade com a lei moral natural, reconhecida pela reta razão, e sobretudo na medida que respeitar os direitos inalienáveis de toda pessoa.[13] As legislações que favorecem as uniões homossexuais são contrárias à reta razão, porque dão à união entre duas pessoas do mesmo sexo garantias jurídicas análogas às da instituição matrimonial. Considerando os valores em causa, o Estado não pode legalizar tais uniões sem faltar ao seu dever de promover e tutelar uma instituição essencial ao bem comum, como é o matrimônio.

---

[11] Cf. JOÃO PAULO II, Carta encíclica *Evangelium vitae*, 25 de março de 1995, n. 71.
[12] Cf. *ibid.*, n. 72.
[13] Cf. SANTO TOMÁS DE AQUINO, *Summa Theologiae*, I-II, q. 95, a. 2.

Poderá perguntar-se como pode ser contrária ao bem comum uma lei que não impõe nenhum comportamento particular, mas apenas se limita a legalizar uma realidade de fato, que aparentemente parece não comportar injustiça para com ninguém. A tal propósito convém refletir, antes de mais, na diferença que existe entre o comportamento homossexual como fenômeno privado e o mesmo comportamento como relação social legalmente prevista e aprovada, a ponto de se tornar numa das instituições do ordenamento jurídico. O segundo fenômeno, não só é mais grave, mas assume uma relevância ainda mais vasta e profunda, e acabaria por introduzir alterações em toda a organização social, que se tornariam contrárias ao bem comum. As leis civis são princípios que estruturam a vida do homem no seio da sociedade, para o bem ou para o mal. "Desempenham uma função muito importante, e por vezes determinante, na promoção de uma mentalidade e de um costume".[14] As formas de vida e os modelos que nela se exprimem não só configuram externamente a vida social, mas ao mesmo tempo tendem a modificar, nas novas gerações, a compreensão e avaliação dos comportamentos. A legalização das uniões homossexuais acabaria, portanto, por ofuscar a percepção de alguns valores morais fundamentais e desvalorizar a instituição matrimonial.

De ordem biológica e antropológica

7. Nas uniões homossexuais estão totalmente ausentes os elementos biológicos e antropológicos do matrimô-

---

[14] João Paulo II, Carta encíclica *Evangelium vitae*, 25 de março de 1995, n. 90.

nio e da família, que poderiam dar um fundamento racional ao reconhecimento legal dessas uniões. Estas não se encontram em condição de garantir de modo adequado a procriação e a sobrevivência da espécie humana. A eventual utilização dos meios postos à sua disposição pelas recentes descobertas no campo da fecundação artificial, além de comportar graves faltas de respeito à dignidade humana,[15] não alteraria minimamente essa sua inadequação.

Nas uniões homossexuais está totalmente ausente a dimensão conjugal, que representa a forma humana e ordenada das relações sexuais. Estas, de fato, são humanas, quando e enquanto exprimem e promovem a mútua ajuda dos sexos no matrimônio e se mantêm abertas à transmissão da vida.

Como a experiência confirma, a falta da bipolaridade sexual cria obstáculos ao desenvolvimento normal das crianças eventualmente inseridas no interior dessas uniões. Falta-lhes, de fato, a experiência da maternidade ou paternidade. Inserir crianças nas uniões homossexuais através da adoção significa, na realidade, praticar a violência sobre essas crianças, no sentido que se aproveita do seu estado de fraqueza para introduzi-las em ambientes que não favorecem o seu pleno desenvolvimento humano. Não há dúvida que uma tal prática seria gravemente imoral e pôr-se-ia em aberta contradição com o princípio reconhecido também

---

[15] Cf. CONGREGAÇÃO PARA A DOUTRINA DA FÉ, Instrução *Donum vitae*, 22 de fevereiro de 1987, II. A. 1-3.

pela Convenção internacional da ONU sobre os direitos da criança, segundo o qual, o interesse superior a tutelar é sempre o da criança, que é a parte mais fraca e indefesa.

De ordem social

8. A sociedade deve a sua sobrevivência à família fundada sobre o matrimônio. É, portanto, uma contradição equiparar à célula fundamental da sociedade o que constitui a sua negação. A conseqüência imediata e inevitável do reconhecimento legal das uniões homossexuais seria a redefinição do matrimônio, o qual se converteria numa instituição que, na sua essência legalmente reconhecida, perderia a referência essencial aos fatores ligados à heterossexualidade, como são, por exemplo, as funções procriadora e educadora. Se, do ponto de vista legal, o matrimônio entre duas pessoas de sexo diferente for considerado apenas como um dos matrimônios possíveis, o conceito de matrimônio sofrerá uma alteração radical, com grave prejuízo para o bem comum. Colocando a união homossexual num plano jurídico análogo ao do matrimônio ou da família, o Estado comporta-se de modo arbitrário e entra em contradição com os próprios deveres.

Em defesa da legalização das uniões homossexuais não se pode invocar o princípio do respeito e da não-discriminação de quem quer que seja. Uma distinção entre pessoas ou a negação de um reconhecimento ou de uma prestação social só são inaceitáveis quando contrárias à justiça.[16] Não atribuir o estatuto social e jurídico de matrimô-

---

[16] Cf. Santo Tomás de Aquino, *Summa Theologiae*, II-II, q. 63, a. 1, c.

nio a formas de vida que não são nem podem ser matrimoniais, não é contra a justiça; antes, é uma sua exigência.

Nem tão pouco se pode razoavelmente invocar o princípio da justa autonomia pessoal. Uma coisa é todo cidadão poder realizar livremente atividades do seu interesse, e que essas atividades reentrem genericamente nos comuns direitos civis de liberdade, e outra muito diferente é que atividades que não representam um significativo e positivo contributo para o desenvolvimento da pessoa e da sociedade possam receber do Estado um reconhecimento legal específico e qualificado. As uniões homossexuais não desempenham, nem mesmo em sentido analógico remoto, as funções pelas quais o matrimônio e a família merecem um reconhecimento específico e qualificado. Há, pelo contrário, razões válidas para afirmar que tais uniões são nocivas a um reto progresso da sociedade humana, sobretudo se aumentar a sua efetiva incidência sobre o tecido social.

De ordem jurídica

9. Porque os casais unidos em matrimônio têm a função de garantir a ordem das gerações e, portanto, são de relevante interesse público, o direito civil confere-lhes um reconhecimento institucional. As uniões homossexuais, ao invés, não exigem uma específica atenção por parte do ordenamento jurídico, porque não desempenham essa função em ordem ao bem comum.

Não é verdadeira a argumentação, segundo a qual, o resconhecimento legal das uniões homossexuais tornar-se-ia necessário para evitar que os conviventes homossexuais viessem a perder, pelo simples fato de conviverem, o efetivo reconhecimento dos direitos comuns que gozam como pessoas e como cidadãos. Na realidade, eles podem sempre recorrer – como todos os cidadãos e a partir da sua autonomia privada – ao direito comum para tutelar situações jurídicas de interesse recíproco. Constitui, porém, uma grave injustiça sacrificar o bem comum e o reto direito de família a pretexto de bens que podem e devem ser garantidos por vias não nocivas à generalidade do corpo social.[17]

IV. COMPORTAMENTOS DOS POLÍTICOS CATÓLICOS PERANTE LEGISLAÇÕES FAVORÁVEIS ÀS UNIÕES HOMOSSEXUAIS

10. Se todos os fiéis são obrigados a oporem-se ao reconhecimento legal das uniões homossexuais, os políticos católicos o são de modo especial, na linha da responsabilidade que lhes é própria. Na presença de projetos de lei favoráveis às uniões homossexuais, há que ter presentes as seguintes indicações éticas.

No caso que se proponha pela primeira vez à Assembléia legislativa um projeto de lei favorável ao reconheci-

---

[17] Deve, além disso, ter-se presente que existe sempre "o perigo de uma legislação, que faça da homossexualidade uma base para garantir direitos, poder vir de fato a encorajar uma pessoa com tendências homossexuais a declarar a sua homossexualidade ou mesmo a procurar um parceiro para tirar proveito das disposições da lei" (Congregação para a Doutrina da Fé, *Algumas Considerações sobre a Resposta a propostas de lei em matéria de não-discriminação das pessoas homossexuais*, 24 de julho de 1992, n. 14).

mento legal das uniões homossexuais, o parlamentar católico tem o dever moral de manifestar clara e publicamente o seu desacordo e votar contra esse projeto de lei. Conceder o sufrágio do próprio voto a um texto legislativo tão nocivo ao bem comum da sociedade é um ato gravemente imoral.

No caso de o parlamentar católico se encontrar perante uma lei favorável às uniões homossexuais já em vigor, deve opor-se, nos modos que lhe forem possíveis, e tornar conhecida a sua oposição: trata-se de um ato devido de testemunho da verdade. Se não for possível revogar completamente uma lei desse gênero, o parlamentar católico, atendo-se às orientações dadas pela Encíclica *Evangelium vitae*, "poderia dar licitamente o seu apoio a propostas destinadas a limitar os danos de uma tal lei e diminuir os seus efeitos negativos no plano da cultura e da moralidade pública", com a condição de ser "clara e por todos conhecida" a sua "pessoal e absoluta oposição" a tais leis, e que se evite o perigo de escândalo.[18] Isso não significa que, nesta matéria, uma lei mais restritiva possa considerar-se uma lei justa ou, pelo menos, aceitável; trata-se, pelo contrário, da tentativa legítima e obrigatória de proceder à revogação, pelo menos parcial, de uma lei injusta, quando a revogação total não é por enquanto possível.

---

[18] JOÃO PAULO II, Carta encíclica *Evangelium vitae*, 25 de março de 1995, n. 73.

CONCLUSÃO

11. A Igreja ensina que o respeito para com as pessoas homossexuais não pode levar, de modo nenhum, à aprovação do comportamento homossexual ou ao reconhecimento legal das uniões homossexuais. O bem comum exige que as leis reconheçam, favoreçam e protejam a união matrimonial como base da família, célula primária da sociedade. Reconhecer legalmente as uniões homossexuais ou equipará-las ao matrimônio, significaria, não só aprovar um comportamento errado, com a conseqüência de convertê-lo num modelo para a sociedade atual, mas também ofuscar valores fundamentais que fazem parte do patrimônio comum da humanidade. A Igreja não pode abdicar de defender tais valores, para o bem dos homens e de toda a sociedade.

O Sumo Pontífice João Paulo II, na Audiência concedida a 28 de março de 2003 ao abaixo-assinado Cardeal Prefeito, aprovou as presentes Considerações, decididas na Sessão Ordinária desta Congregação, e mandou que fossem publicadas.

Roma, sede da Congregação para a Doutrina da Fé, 3 de junho de 2003, memória de são Carlos Lwanga e companheiros, mártires.

JOSEPH CARD. RATZINGER
Prefeito
ANGELO AMATO, SDB
Arcebispo titular de Sila
Secretário

Sumário

Introdução 5

I. Natureza e características
irrenunciáveis do matrimônio 6

II. Atitudes perante o problema das
uniões homossexuais 9

III. Argumentações racionais contra
o reconhecimento legal das uniões
homossexuais 11
 De ordem relativa à reta razão 11
 De ordem biológica e antropológica 12
 De ordem social 14
 De ordem jurídica 15

IV. Comportamentos dos políticos católicos
perante legislações favoráveis às uniões
homossexuais 16

Conclusão 19

Cadastre-se no site

www.paulinas.org.br

Para receber informações
sobre nossas novidades
na sua área de interesse:

• Adolescentes e Jovens • Bíblia • Biografias • Catequese
• Ciências da religião • Comunicação • Espiritualidade
• Educação • Ética • Família • História da Igreja e Liturgia
• Mariologia • Mensagens • Psicologia
• Recursos Pedagógicos • Sociologia e Teologia.

Telemarketing 0800 7010081

Impresso na gráfica da
Pia Sociedade Filhas de São Paulo
Via Raposo Tavares, km 19,145
05577-300 - São Paulo, SP - Brasil - 2003